LE
RÉGIME DES CULTES

DANS LA

RÉPUBLIQUE DE L'ÉQUATEUR

PAR

Fernand DAGUIN

DOCTEUR EN DROIT
AVOCAT A LA COUR D'APPEL DE PARIS

(Extrait du *Bulletin de la Société de Législation comparée*
d'Août–Septembre 1907.)

PARIS
LIBRAIRIE GÉNÉRALE DE DROIT ET DE JURISPRUDENCE
20, Rue Soufflot, 20

1907

LE
RÉGIME DES CULTES

DANS LA

RÉPUBLIQUE DE L'ÉQUATEUR

PAR

Fernand DAGUIN

DOCTEUR EN DROIT,
AVOCAT A LA COUR D'APPEL DE PARIS

Extrait du *Bulletin de la Société de Législation comparée,*
d'Août-Septembre 1907.

PARIS
LIBRAIRIE GÉNÉRALE DE DROIT ET DE JURISPRUDENCE
20, Rue Soufflot, 20

1907

LE
RÉGIME DES CULTES

DANS LA

RÉPUBLIQUE DE L'ÉQUATEUR [1]

La République de l'Equateur a vécu pendant longtemps sous
un régime politique qu'on a qualifié, non sans raison, de théo-
cratique. On a pu dire d'elle, alors, qu'elle était le seul gouvernement du monde qui eût un caractère vraiment et complètement catholique (2). La population se faisait remarquer par
l'intensité de ses sentiments religieux, et la Constitution reconnaissait une religion officielle, la religion catholique, qui, seule,
avait une existence légale (3) et qui, seule, était protégée, en-
couragée et subventionnée par l'État. Un concordat, conclu le
26 septembre 1862, liait la République avec le Saint-Siège (4).

(1) Les documents et les renseignements qui ont servi à la rédaction de
cette étude nous ont été fournis, avec une obligeance sans égale, par
S. G. Monseigneur Frédéric González Suárez, archevêque de Quito, par
M. l'abbé Alexandre Lopez, secrétaire de l'archevêché, et par M. T. Puyol,
archiviste du Pouvoir législatif; nous tenons à exprimer à nos éminents
correspondants notre bien vive gratitude.

(2) Élisée Reclus, *Nouvelle Géographie universelle*, t. 18, *Amérique du
Sud, Régions andines*, p. 484.

(3) Voir la Constitution du 13 février 1884, art. 13 (*Constitución de la
República del Ecuador, dada por la Asamblea nacional de* 1883, 3ª edición
[Quito, 1892], p. 12). Le préambule de cette Constitution était ainsi conçu :
« Au nom de Dieu, auteur et législateur de l'Univers... ».

(4) Une nouvelle rédaction de ce concordat, faite le 2 mai 1881, avait été
approuvée par le Pape Léon XIII, le 30 mars 1882, et par M. Ignace de
Veintemilla, président de la République, le 14 mars de la même année.
L'article 1er de cette convention s'exprimait ainsi :
« La religion catholique apostolique et romaine continuera à être la seule
religion de la République de l'Équateur et elle se maintiendra à perpétuité
avec tous les droits et prérogatives dont elle doit jouir selon la loi de Dieu
et les dispositions canoniques. En conséquence, on ne tolérera jamais un

Aujourd'hui encore, les habitants, en très grande majorité, sont restés fidèles aux doctrines que professaient leurs pères. Le culte catholique compte un million et demi d'adhérents environ. Dans les régions orientales, on rencontre un certain nombre d'Indiens sauvages, non convertis au christianisme; mais il n'existe ni protestants, ni israélites, si ce n'est à l'état isolé. Néanmoins, sous la poussée des idées nouvelles et, peut-être aussi, grâce à l'action occulte de la franc-maçonnerie, le législateur équatorien a rompu avec la tradition, sans pourtant, comme on le verra au cours de cette étude, aller aussi loin que d'autres pays, dans son hostilité contre l'Église romaine.

Le mouvement qui a amené la transformation radicale du régime des cultes a commencé à se manifester, il y a une dizaine d'années environ. Le 5 juin 1895, le parti dit *libéral* est arrivé au pouvoir, et il a su s'y maintenir jusqu'en 1906, époque à laquelle il a été supplanté par le parti libéral avancé ou *radical* : situation étrange dans un pays où la majorité des électeurs est foncièrement attachée à l'opinion dite *cléricale* ou *ultramontaine*.

Les libéraux avaient inscrit dans leur programme la laïcisation du mariage, la dénonciation du Concordat et la séparation de l'Église et de l'État. Cependant, la Constitution du 14 janvier 1897, adoptée postérieurement à leur avènement au pouvoir (1), porte encore l'empreinte de l'esprit qui animait leurs prédécesseurs. En effet, l'article 12 de cette Constitution s'exprimait en ces termes : « La religion de la République est la religion catholique, apostolique et romaine, avec exclusion de tout culte contraire à la morale. Les pouvoirs publics sont tenus de la protéger et de la faire respecter. » De ce texte on peut induire que, dans la pensée des constituants, une situation privilégiée devait être faite à la religion catholique. L'article 13, toutefois,

autre culte ou une société quelconque condamnée par l'Église. » A propos de l'enseignement, il était dit à l'article 3 :

« L'instruction de la jeunesse dans les universités, collèges, facultés, écoles publiques et privées sera entièrement conforme aux doctrines de la religion catholique ». Le Pape stipulait pour lui (art. 5) la faculté de correspondre librement avec le clergé et les fidèles de l'Équateur, et, pour l'Église (art. 19), le droit d'acquérir et de posséder des biens-fonds. Il *permettait* à l'État (art. 9) d'imposer les membres du clergé et les biens ecclésiastiques (V. *Boletin ecclesiastico de la provincia ecuatoriana*, Año 1, n° 2, p. 35).

(1) Voir *Constitución de la República del Ecuador, dada por la Convención nacional de* 1896-1897 (2ª edición); 46 p. in-8°; Quito, 1899.

contenait les dispositions suivantes, qui consacrent le principe de la liberté de conscience et de la liberté des cultes : « L'État respecte les croyances religieuses des habitants de l'Équateur et fera respecter les manifestations auxquelles elles donneront lieu.

« Les croyances religieuses ne font pas obstacle à l'exercice des droits politiques et civils. »

Ce fut seulement en 1901, à partir de l'élection à la présidence de la République du général Léonidas Plaza (1), que les aspirations des libéraux prirent corps et qu'elles aboutirent à des résultats effectifs.

Le gouvernement avait cru devoir négocier avec le Saint-Siège relativement à deux questions brûlantes : la propriété et la police des cimetières publics ; la suppression des dîmes.

Une convention, dont les termes avaient été arrêtés d'un commun accord, le 3 avril 1901, par M. José Peralta, ministre des relations extérieures et plénipotentiaire de l'Équateur, et Mgr Pedro Gasparri, archevêque titulaire de Césarée, délégué apostolique et envoyé extraordinaire de la Cour de Rome, stipulait que les cimetières catholiques seraient placés sous la dépendance du clergé, sauf le droit reconnu au Pouvoir civil d'exercer sur eux une surveillance, au point de vue de l'hygiène et de la salubrité publique ; la création de cimetières laïques était autorisée dans toutes les localités du pays, pour l'enterrement des personnes désireuses de reposer ailleurs qu'en terre bénite ; là où les ressources locales ne le permettaient pas, on pouvait distraire du cimetière catholique une partie spéciale, pour l'affecter aux dissidents, à la condition de séparer ce terrain par un mur de l'emplacement destiné aux catholiques, et de lui assurer une entrée particulière ; la délimitation, en ce cas, devait être faite par les autorités religieuses et civiles locales, agissant de concert.

Une seconde convention, conclue, le 10 avril 1901, par les mêmes mandataires, et, comme la première, approuvée *ad referendum*, portait que les dîmes établies au profit de l'Église catholique demeureraient supprimées, et qu'un droit additionnel de douane de dix pour cent sur les importations leur serait substitué ; le produit de ce droit additionnel devait être versé

(1) Il succéda, le 1er septembre 1901, au général Eloy Alfaro, qui appartenait au parti libéral avancé. Il fut remplacé, à son tour, en 1906, par le même général Alfaro, candidat du parti radical.

entre les mains des représentants de l'Église, qui en auraient eu
la libre disposition, au lieu et place des contributions qu'ils
percevaient précédemment (1).

Les deux conventions avaient besoin, pour devenir exé-
cutoires, d'être ratifiées par le Congrès ; elles furent repous-
sées, l'une et l'autre, par le Sénat, dans la séance du 8 octobre 1901 (2).

Telle fut la première étape.

La seconde fut marquée par le vote de la loi sur le mariage
civil.

Cette loi, promulguée le 28 octobre 1902 (3), modifia complètement les règles du droit matrimonial. Auparavant, l'union de
l'homme et de la femme était considérée comme un acte d'un
caractère exclusivement religieux. La loi de 1902 établit le
mariage civil et posa en principe que ce mariage seul produirait
des effets légaux. Elle défendit, en outre, aux ministres des
différents cultes de procéder à la bénédiction nuptiale des époux,
avant que ceux-ci eussent été unis par l'officier de l'état civil
compétent (le chef politique ou son lieutenant), sous peine d'en-
courir, pour la première fois, une amende de 500 sucres et un
emprisonnement de trois mois, et. en cas de récidive, une
amende de 1.000 sucres et un emprisonnement de six mois. Enfin,
et c'est sur ce point qu'elle fut combattue le plus énergiquement par les catholiques, elle introduisit le divorce dans la législation équatorienne, sous une forme atténuée, il est vrai, puis-
qu'elle ne l'admit que dans un seul cas, l'adultère de la femme;
l'adultère du mari, les sévices graves, l'attentat d'un des con-

(1) Le concordat revisé de 1881 (V. *suprà*, note 4, p. 3) avait prévu, dans
son article 9, la suppression des dîmes et leur remplacement par une autre
contribution. Conformément à cette disposition, il avait été stipulé, dans
une convention additionnelle, du 8 novembre 1890, conclue entre le Saint-
Siège et la République de l'Équateur, que les dîmes seraient remplacées
par une contribution de 3 pour 1.000 sur les domaines ruraux (*predios rus-
ticos*). — Cet impôt de 3 pour 1.000 avait fait, postérieurement, l'objet d'un
décret du Pouvoir exécutif, du 3 février 1893 (V. *Boletin ecclesiastico de la
Provincia Ecuatoriana*, Año 1, nº 2. p. 51 et 58).

(2) V. *Actas de las sesiones secretas, publicadas por resolución del senado
(Refierense á los protocolos sobre cementerios públicos y rentas ecclesias-
ticas*).

(3) V. Romero y Giron et A. Garcia Moreno, *Anuario de legislación
universal*, año 1902; *Nuevas leyes y códigos de los Estados americanos, p.* 377.
— La loi sur le mariage civil a été analysée dans l'*Annuaire de législ.
étrang.*, 2ᵉ série, 2ᵉ année, p. 729.

joints contre la vie de l'autre, la tentative du mari pour prosti-
tuer sa femme ou ses enfants, et l'ivresse habituelle ne pouvant
servir de fondement qu'à une instance en séparation de corps.
Mais la porte était ouverte, et l'on verra, plus loin, qu'on ne
tarda pas à ajouter de nouveaux cas de divorce à celui qui vient
d'être indiqué (1).

Il n'est pas besoin de dire que le projet de loi relatif au
mariage civil et à l'introduction du divorce avait été vivement
critiqué par le parti clérical et qu'il avait donné lieu, de sa part,
à des protestations réitérées.

Il restait au parti libéral à exécuter la dernière partie de son
programme, en dénonçant le Concordat et en brisant les liens
qui unissaient l'État à l'Église catholique (2).

Dès 1903, le Président de la République, M. Léonidas Plaza,
dans son message au Congrès national, avait invité le Pouvoir
législatif à affranchir le gouvernement de la tutelle de Rome, en
abrogeant la loi sur le patronat ecclésiastique et en réglant la
situation du clergé et des congrégations de telle sorte que l'Église
et l'État fussent indépendants l'un de l'autre. Craignant qu'on
ne lui opposât le texte de l'article 12 de la Constitution (3), il
s'efforça de démontrer, à l'aide d'un raisonnement plus subtil
que réellement concluant, qu'on pouvait passer outre sans se
préoccuper de modifier préalablement l'article en question,
attendu, disait-il, que celui-ci ne garantissait pas à la religion
catholique un privilège quelconque, mais qu'il se bornait à con-
stater qu'elle était la religion de la majorité des citoyens du
pays. Cette interprétation, peu conforme, il faut le reconnaître,
au texte et à l'esprit de la Constitution, fut, néanmoins,
acceptée sans difficulté. Le Président de la République rappela,
du reste, que la Constitution elle-même avait cherché à opposer
une barrière aux empiétements du pouvoir religieux à l'égard du
pouvoir civil dans son article 37, en interdisant l'immigration
des communautés religieuses étrangères, et en réservant aux
seuls ecclésiastiques équatoriens de naissance l'accès des prélatures et des bénéfices dans l'Église nationale, ainsi que la
faculté d'être appelés à administrer les biens des établissements

(1) Voir, ci-après, page 17.
(2) La légation de l'Équateur près du Saint-Siège avait été supprimée
dès 1896. — Le délégué du Vatican pour la République de l'Équateur est,
actuellement, Mgr Dolci, archevêque de Nazianze, en résidence à Lima.
(3) Voir, *suprà*, p. 4.

monastiques situés sur le territoire de la République (1).

Dans son message de 1904, le président Plaza reprit sa thèse et revint à la charge. Il adjura le Congrès, en termes véhéments, de voter une loi qui rendît au pays son indépendance et qui eût pour effet de le soustraire à l'ingérence d'un souverain spirituel étranger; à cette occasion, il qualifia le Souverain Pontife d'Empereur de la Chrétienté (*Emperador cristiano*), et déclara que son ambition était d'étendre son autorité sur tous les peuples du globe, au détriment de leur autonomie (2). Il ajouta que le clergé régulier et le clergé séculier poursuivaient un but anti-patriotique et qu'il importait de leur enlever, au plus tôt, l'éducation de la jeunesse, pour la confier à un personnel exclusivement laïque (3). Il réclama, en outre, la dissolution des congrégations religieuses, et invoqua, à cet égard, l'exemple de la France. « Imitons la France, dit-il, et prenons modèle sur les États qui, délivrés des conquérants (*Conquistadores*) et des corsaires, sont parvenus à se placer à l'avant-garde de la civilisation moderne (4). »

Le Congrès donna, dans une certaine mesure, satisfaction au chef du Pouvoir exécutif, en adoptant, au mois d'octobre 1904, une loi qui abrogea le Concordat, qui sépara l'Église catholique de l'État et qui proclama la liberté de l'exercice des différents cultes (5).

Le but du présent travail est de faire connaître le régime auquel sont actuellement soumises les diverses confessions religieuses, d'après cette loi de 1904. Nous parlerons d'abord des cultes non catholiques; il y a peu de chose à en dire. Nous nous occuperons ensuite du culte catholique, au sujet duquel il y a lieu de s'étendre davantage.

Auparavant, il est utile de rappeler que le parti radical, vain-

---

(1) *Mensaje del Presidente de la República al Congreso nacional*, 1903, p. 19 et suiv.

(2) *Mensaje del Presidente de la República al Congreso nacional*, 1904, p. 22.

(3) *Ibid.*, p. 23.

(4) *Ibid.*, p. 25 et 26.

(5) La loi sur les cultes a été définitivement votée par le Congrès, le 12 octobre 1904, sanctionnée le 13, et promulguée le 14 (*Registro oficial*, 1904, n° 912; *Anuario de legislación ecuatoriana correspondiente á* 1904, p. 144). — L'article 25 de la loi du 14 octobre 1904 confiait au pouvoir exécutif le soin d'assurer l'exécution de la loi au moyen d'un règlement; ce règlement.n'a pas encore vu le jour.

queur du parti libéral, en 1906, a fait adopter une nouvelle Constitution, qui, à la différence de la Constitution de 1897, ne fait aucune allusion directe aux questions d'ordre religieux.

La Constitution du 23 décembre 1906 (1) proclame la liberté de conscience, la liberté de la pensée, de la parole et de la presse, et la liberté de réunion et d'association (art. 26-3°, 15° et 17°).

I. — CULTES NON CATHOLIQUES.

La loi (art. 1er) autorise et protège toutes les religions qui ne sont contraires ni aux institutions nationales, ni à la morale. Par suite, les confessions chrétiennes, quelles qu'elles soient, sont admises à pratiquer librement leur culte; il en est de même de la religion israélite. Mais les religions qui considèrent comme légitimes certains actes que la morale réprouve, telles, par exemple, que le mahométisme et le mormonisme, qui permettent la polygamie, ne seraient pas tolérées.

Les confessions s'organisent et s'administrent comme elles l'entendent; elles règlent leurs cérémonies, à leur gré. Le Gouvernement n'intervient que pour empêcher qu'on entrave leurs pratiques et pour veiller à ce qu'elles-mêmes n'occasionnent ni troubles, ni séditions.

Les ministres appartenant à des cultes nouveaux, qui viennent s'établir dans le pays, ne bénéficient des garanties constitutionnelles et légales qu'après avoir communiqué au Pouvoir exécutif les statuts auxquels ils obéissent et qui servent de base à leur vie religieuse (loi, art. 3).

Chaque culte pourvoit à ses besoins à l'aide des dons volontaires des fidèles.

D'ailleurs, il est bon de le noter, les confessions dont il s'agit ne sont, quant à présent du moins, représentées que par des individualités peu nombreuses.

II. — CULTE CATHOLIQUE.

La religion catholique jouit de la même liberté que les autres confessions, quant à son organisation et à son administration

(1) Le texte de la nouvelle constitution nous a été très obligeamment communiqué par M. le consul général de la République de l'Équateur à Paris, à qui nous adressons nos bien vifs remerciements.

intérieure. Elle règle, à sa guise, les cérémonies et les différentes pratiques du culte intérieur et extérieur. La nomination des évêques et des membres du clergé, de même que la collation des bénéfices, ressortit exclusivement à l'autorité ecclésiastique. Le Gouvernement ne s'immisce en rien dans la vie intime de l'Église, son droit de patronage ayant été supprimé; toutefois, ainsi qu'on le verra bientôt, le Pouvoir civil s'est réservé un droit de contrôle et de surveillance sur le patrimoine ecclésiastique.

Le Concordat conclu en 1862 avec le Saint-Siège a été annulé purement et simplement, en vertu d'un acte unilatéral, c'est-à-dire sans dénonciation préalable et sans entente préliminaire entre les parties intéressées (loi, art. 26). Depuis 1896, la République n'entretenait plus de représentant auprès du Vatican (1).

§ 1er. — *Congrégations religieuses.*

L'interdiction pour les communautés étrangères de venir se fixer dans le pays, déjà prononcée par la Constitution de 1897 (art. 37), a été maintenue (loi, art. 5).

En ce qui concerne les communautés qu'on peut appeler nationales, il y a lieu de distinguer.

Celles dans lesquelles la clôture est perpétuelle ou la vie purement contemplative sont appelées à disparaître dans un temps donné; elles ne sont pas dissoutes, quant à présent, mais il leur est interdit de se recruter, en recevant des novices. En outre, il a été décidé que les établissements où les religieux sont assujettis à une réclusion perpétuelle seraient réduits à quatre, au maximum, dans la capitale, Quito, et à deux au plus, dans les autres villes de la République. Le Pouvoir exécutif et l'autorité ecclésiastique ont dû se mettre d'accord pour opérer cette réduction (loi, art. 7).

Les communautés existantes, dont les membres se livrent à l'enseignement, à la prédication ou à des œuvres de charité ou de bienfaisance, subsistent et continuent à se recruter à l'aide de novices; mais il est interdit d'en fonder de nouvelles, à l'avenir (loi, art. 6). Ces communautés, d'ailleurs, ne peuvent admettre au noviciat que des personnes âgées de plus de dix-huit ans (*Ibid.*, art. 10).

(1) Cf. page 7, note 2.

Les congrégations et ordres monastiques, dont l'existence est maintenue et le recrutement autorisé, peuvent conserver ou recevoir dans leur sein des étrangers ; mais il est interdit d'élever ceux-ci à une dignité quelconque, alors même qu'ils se seraient fait naturaliser ; ils ne peuvent être nommés, ni provinciaux, ni recteurs, ni prieurs, ni gardiens, ni supérieurs (loi, art. 9) (1). Dans quelques couvents, le supérieur était un étranger, quand le régime nouveau a été inauguré ; un délai raisonnable leur a été imparti par le Gouvernement pour se mettre, à cet égard, en règle avec la loi (*Ibid.*, art. 23).

Les couvents et monastères sont soumis à l'inspection et à la surveillance des juntes de santé et d'hygiène, et des autorités chargées de la police ; chaque fois qu'une visite doit avoir lieu, l'autorité ecclésiastique en est informée, à l'avance (loi, art. 8).

§ 2. — *Clergé séculier.*

La hiérarchie ecclésiastique comporte un archevêque, à la résidence de Quito, et six évêques suffragants, résidant respectivement à Cuenca, Guayaquil, Ibarra, Loja, Puertoviejo et Riobamba (2). Chaque diocèse comprend un nombre plus ou moins grand de paroisses religieuses, administrées par des curés et dont les limites concordent presque toujours avec celles des paroisses politiques ou communes (3).

L'archevêque et les évêques sont nommés directement par le Pape, sans aucune intervention du Gouvernement. Les dignitaires du clergé, les curés et les vicaires sont nommés par l'évêque, dans chaque diocèse.

Le choix du Souverain Pontife, en ce qui touche la nomination des membres du haut Clergé, n'est limité que sur un point : nul ne peut être appelé aux fonctions épiscopales s'il n'est Équatorien de naissance.

Au surplus, cette condition d'être né citoyen de l'Équateur est également requise des membres du clergé revêtus d'une juridic-

(1) Cette disposition n'est pas appliquée à la rigueur. On peut citer des supérieurs d'ordres religieux qui ne sont point Équatoriens de naissance.

(2) *Almanach de Gotha*, 1907, p. 743.

(3) On compte 344 paroisses pourvues d'un curé. La plupart des paroisses ont donc un chef spirituel. Toutefois, dans le diocèse de Puertoviejo, il y a quelques cures vacantes, faute d'un personnel suffisant.

tion ecclésiastique et des candidats aux charges ou bénéfices d'administrateur ou de vicaire apostolique, de vicaire capitulaire, de dignitaire, de chanoine ou de prébendier (loi, art. 9). Toutefois, l'autorité ecclésiastique ne paraît pas tenir rigoureusement compte de cette exigence de la loi, car elle maintient en fonctions, dans certaines paroisses, des curés et des vicaires qui ne sont pas Équatoriens de naissance. Le gouvernement ferme les yeux sur cette irrégularité (1).

§ 3. — *Biens ecclésiastiques.*

Les congrégations et le clergé séculier ont conservé la jouissance de tous leurs biens, meubles et immeubles. Les couvents, églises, palais épiscopaux et presbytères, avec le mobilier qu'ils renferment, sont donc restés entre les mains de ceux qui les possédaient au moment de la promulgation de la loi. Le patrimoine de l'Église est demeuré intact, et l'État en garantit aux détenteurs la libre et tranquille possession.

Les biens du clergé régulier et séculier ne jouissent d'aucune immunité au point de vue des impôts ; ils sont soumis aux mêmes contributions et aux mêmes charges que les biens des particuliers (loi, art. 11). Ils ne peuvent être aliénés ou vendus qu'avec l'autorisation du Congrès ; la vente a lieu, en pareil cas, aux enchères publiques, conformément aux dispositions du Code de procédure civile. S'il s'agit simplement de les hypothéquer ou de les grever d'une charge réelle, à titre onéreux ou à titre gratuit, l'autorisation est accordée ou refusée par le Gouvernement, sur avis conforme du Conseil d'État (loi, art. 12).

En principe, les fonds ruraux ne sont pas administrés directement par les ordres ou communautés à qui ils appartiennent ; la loi prescrit de les amodier par voie d'adjudication publique pour une période qui ne doit pas dépasser huit années (loi, art. 13). Les immeubles qu'il n'est pas possible d'amodier ou pour lesquels on ne trouve pas de preneur sont gérés par un procureur ou administrateur, nommé par le Gouvernement sur la présentation des communautés intéressées ; à défaut de présentation ou de candidat jugé convenable, le gouvernement

(1) On peut citer un curé d'origine belge à Baños (archidiocèse de Quito), un autre de race française, M. Berthelot, à Guayaquil, et un troisième de nationalité italienne, à Puertoviejo (cf. p. 11, note 1).

confie les fonctions d'administrateur à la personne qu'il lui plait de choisir.

La location ou la mise en régie, suivant les cas, est entourée de garanties édictées aussi bien dans l'intérêt des congrégations que dans celui de l'État. Un inventaire et une estimation des biens à amodier ou à faire gérer par procureur doivent être remis, préalablement, à la junte de finances compétente, par les détenteurs des biens ou, à leur défaut, par des experts que nomme la junte elle-même; le fermier ou le procureur (administrateur), avant de commencer sa gestion, est tenu de donner caution; enfin, les décisions de la junte de finances concernant l'estimation, les enchères, la réception des cautions, en un mot, les actes relatifs à l'amodiation ou à la mise en régie des biens ecclésiastiques, ont besoin d'être confirmées par le Pouvoir exécutif, faute de quoi elles sont considérées comme radicalement nulles (loi, art. 14, 15, 17 et 18).

La loi détermine le mode d'emploi des revenus provenant de la location ou de la gestion.

Le fermier ou l'administrateur est chargé de payer à la communauté, propriétaire des biens, ou en son acquit, les sommes inscrites à son budget; celui-ci est dressé, chaque année, par la communauté, l'ordre ou le chapitre cathédral intéressé, et remis au Ministre des cultes, afin qu'il le soumette à l'approbation gouvernementale. Les dépenses sont ordonnancées par le Ministre.

Après l'acquittement de toutes les dépenses inscrites au budget, l'excédent, s'il en reste un, est versé dans la caisse d'un collecteur nommé à cet effet (art. 15, 19 et 20).

Les excédents de recette provenant de la gestion des biens ecclésiastiques sont centralisés, pour être affectés, année par année, au paiement des traitements du clergé séculier et des autres dépenses cultuelles. Si le capital ainsi recueilli excède les besoins, le surplus est versé, à titre de subvention, à une œuvre de bienfaisance ou d'intérêt public, déterminée par le Pouvoir exécutif; à l'inverse, s'il est insuffisant, l'État doit parfaire la différence à l'aide de crédits extraordinaires (loi, art. 19).

Autrement dit, le produit annuel des biens ecclésiastiques sert, en premier lieu, à assurer l'entretien des religieux et religieuses affiliés à l'ordre auquel les biens appartiennent ; en second lieu, à former une masse commune, à l'aide de laquelle il est pourvu aux besoins généraux du culte catholique, et enfin,

s'il reste un excédent, à encourager certaines œuvres philanthro-
piques ou d'intérêt général.

§ 4. — *Exercice du ministère ecclésiastique;
traitements et immunités du clergé.*

Il ne semble pas qu'en pratique aucune entrave soit apportée
à la liberté d'action du clergé catholique, quant à l'exercice du
ministère ecclésiastique.

Les cérémonies du culte et les manifestations religieuses,
même extérieures, ne sont gênées en rien. Les processions,
notamment, circulent librement.

Le Gouvernement se désintéresse absolument des relations
qu'entretient le Souverain Pontife avec l'Église nationale. Il
n'exerce aucun contrôle sur la correspondance du Saint-Siège
avec le clergé et les fidèles, et la publication des actes de l'autorité pontificale (bulles, brefs, etc.) n'est subordonnée à aucun
examen, ni à aucune autorisation préalable, de la part du pouvoir
civil.

Autrefois, le traitement des ministres du culte était assuré au
moyen du produit des dîmes. Puis, par la convention du 8
novembre 1890 (v. *suprà*, note 1, p. 6), le Gouvernement s'était
engagé envers le Saint-Siège à substituer à celles-ci une contribution de trois pour mille sur les domaines ruraux ; de plus, il
avait, de son propre mouvement, décidé que les droits de douane
seraient majorés de dix pour cent, afin de fournir, pour le même
objet, un supplément de recettes.

Mais, aujourd'hui, ces ressources font défaut, et le clergé est
obligé de demander directement aux fidèles les fonds nécessaires
à son entretien (1) ; ces fonds lui sont fournis sous forme de
droits perçus à l'occasion des mariages et des enterrements, de
casuel, d'offrandes et de dons en nature.

Quant aux immunités dont jouit le clergé catholique, on ne
peut guère en mentionner qu'une seule, qui consiste dans l'exem-
ption du service militaire. L'article 7-2° de la loi du 6 octobre
1904 sur le recrutement de l'armée (2) dispense d'une façon abso-

---

(1) V. *Carta circular que el Ilᵐᵒ y Rᵐᵒ Señor Arzobispo dirige á todos los
católicos de la República del Ecuador y, de un modo especial, á los de la
Arquidiocesis de Quito* (6 de Marzo 1907); 74 p. in-8°; Quito, 1907.

(2) V. *Anuario de legislación ecuatoriana correspondiente á* 1904, p. 150.

luc de l'incorporation dans l'armée active et du service dans les réserves les membres du clergé régulier et séculier qui ont reçu et qui conservent la tonsure et le vêtement ecclésiastique.

§ 5. — *Enseignement.*

La Constitution du 23 décembre 1906 reconnaît et garantit la liberté de l'enseignement à tous les degrés (art. 16) (1). Toutefois, elle exige que l'enseignement officiel et l'enseignement subventionné par les municipalités soient essentiellement séculiers et laïques (2).

L'enseignement primaire est obligatoire ; il est gratuit, ainsi que celui des arts et métiers. Du reste, cette obligation et cette gratuité ne font pas obstacle au droit du père de famille de faire donner l'instruction à ses enfants de la manière qu'il juge le plus convenable. Mais il est interdit à l'État et aux municipalités de subventionner et d'encourager d'autres établissements que les écoles officielles ou municipales.

Aucune disposition légale n'enlève aux congrégrations religieuses le droit d'enseigner. Aussi, ces congrégations continuent-elles à entretenir de nombreuses écoles primaires et des établissements d'enseignement secondaire.

Les principales congrégations enseignantes qui se livrent à l'éducation de la jeunesse dans l'Équateur sont : les Frères de la doctrine chrétienne, les Sœurs de la Charité, les Sœurs de la *Beata Mariana de Jesus*, les Sœurs du Bon Pasteur (d'Angers), de la Providence (de Namur), du Sacré-Cœur (de Picpus), les Jésuites et les prêtres des missions ; ces derniers se consacrent plus spécialement à la direction des séminaires. Les Frères-Prêcheurs (Dominicains) et les Pères de la Merci tiennent aussi des écoles primaires.

La neutralité scolaire est à peu près impossible à réaliser. L'enseignement neutre dégénère presque toujours en enseignement anti-religieux. C'est ce que les membres du clergé équatorien ont parfaitement compris et ce qui les a déterminés à lutter énergiquement contre le nouveau principe admis en matière d'éducation.

(1) Cf. Constitution du 12 janvier 1897, article 36.
(2) La laïcité de l'enseignement officiel n'était pas imposée par la Constitution de 1897.

Déjà, antérieurement à la promulgation de la Constitution de 1906, l'archevêque de Quito, Monseigneur González Suárez, avait cru devoir protester, dans deux lettres pastorales enflammées, contre la laïcisation de l'enseignement public, dont le but évident, disait-il, était de *déchristianiser* le pays (1).

III. — DISPOSITIONS COMMUNES A TOUS LES CULTES.

Les religions dont l'exercice est permis sur le territoire de la République, c'est-à-dire celles qui ne sont contraires ni aux institutions du pays, ni à la morale, sont placées sous la sauvegarde de la loi. La police a pour mission de veiller à ce que chacun en respecte les manifestations (2).

Quiconque entrave, de quelque manière que ce soit, les actes de la vie religieuse non prohibés par le règlement sur les Cultes (3), qui outrage un ministre du culte dans l'exercice de ses fonctions, qui empêche ou trouble l'exercice d'un culte en usant de violences, en provoquant des désordres ou en commettant des actes scandaleux, encourt une amende de dix à cent sucres et un emprisonnement de trois à trente jours (4).

En échange de la protection que l'État leur accorde, les ministres des différents cultes ont pour devoir de respecter la Constitution et les lois. Ceux d'entre eux qui, dans les édifices religieux, dans les rues ou dans les places publiques, prêcheraient contre les dispositions constitutionnelles ou légales, ou contre un parti politique déterminé, poussant ainsi à la rébellion ou au mépris des autorités constituées, seraient passibles d'une amende de dix à cent sucres et d'un emprisonnement de trois à trente jours (5).

Il est prescrit, en outre, à la police d'empêcher ou de dissoudre les réunions religieuses qui auraient pour objet ou pour effet de troubler la tranquillité publique, ou qui revêtiraient un carac-

---

(1) « El Liberalismo, con la educación laica se propone *descristianizar* á « los pueblos. » — V. *Cartas pastorales que el Il^{mo} y R^{mo} Señor Arzobispo de Quito dirige al clero y á los fieles de la Arquidiocesis acerca de la instrucción laica*, p. 14.

(2) *Código de policia general* (27 octobre 1904), article 23 (*Anuario de legislación ecuatoriana correspondiente á* 1904, p. 177).

(3) Ce règlement n'a pas encore été édicté.

(4) *Código de policia general*, article 25.

(5) *Ibid.*, art. 25, 4°.

tère délictueux. Le caractère délictueux d'une réunion est suffisamment établi, d'ailleurs, lorsque les assistants sont munis d'armes ou lorsqu'il s'élève des rixes entre eux (1).

Rien ne s'oppose à ce que les différentes confessions religieuses demandent des contributions volontaires à leurs adhérents ; c'est même le seul procédé qui pourrait permettre aux cultes dissidents de subsister, s'ils venaient à s'organiser, car ils ne posséderaient pas, comme l'Église catholique, des biens fonciers produisant un revenu susceptible d'assurer plus ou moins complètement leur existence. Mais les confessions religieuses ne sont pas admises à frapper de taxes obligatoires les personnes ou les choses, le droit d'établir des impositions étant réservé exclusivement au Congrès et aux autorités qualifiées, à cet effet, par la loi. La perception forcée de dîmes, de prémices, de droits mortuaires ou autres analogues étant illégale, l'autorité judiciaire ne saurait la sanctionner par ses arrêts.

La constitution de 1897 déclarait, en termes formels, dans son article 13, que nul ne pouvait être privé de l'exercice de ses droits civils et politiques à raison de ses opinions religieuses. Cette disposition n'a pas été reproduite dans la Constitution de 1906 ; mais, il ne faudrait pas conclure du silence gardé par elle à cet égard que ses rédacteurs ont entendu consacrer le principe contraire. La nouvelle Constitution se borne à prononcer l'inéligibilité des ministres des différents cultes aux fonctions de sénateur ou de député (art. 42) ; la loi du 12 octobre 1904 a été plus loin ; elle a décidé que ces ministres, ainsi du reste que toutes autres personnes revêtues d'un caractère ecclésiastique, seraient incapables d'exercer aucune charge publique émanant directement de l'élection populaire (art. 4) ; d'où il suit que les membres du clergé ne peuvent pas plus aspirer à la Présidence de la République ou aux fonctions de conseiller provincial ou de conseiller cantonal, qu'au mandat de sénateur ou de député.

C'est ici le lieu de rappeler que le mariage, considéré naguère encore comme un acte purement religieux, a été laïcisé en 1902, et que l'institution du divorce a fait son apparition dans la législation civile (2). Primitivement, on ne reconnaissait qu'un seul cas de divorce, l'adultère de la femme ; mais une loi nouvelle, du 29 octobre 1904 (3), a ajouté, comme causes pouvant entraî-

(1) *Código de policia general.*, art. 23.
(2) V. *suprà*, p. 6.
(3) *Anuario de legislación ecuatoriana, correspondiente d* 1904, p. 213.

ner la dissolution judiciaire du mariage, le concubinage public et scandaleux du mari et le fait que l'un des époux a été déclaré judiciairement auteur ou complice d'un crime contre la vie de son conjoint.

Pour compléter le tableau qui vient d'être présenté, il reste à faire connaître la situation des communautés religieuses, des menses épiscopales, des chapitres cathédraux et des fabriques, au point de vue de la jouissance et de l'exercice des droits civils (1). Ces différentes entités religieuses étaient considérées, autrefois, comme des personnes morales revêtues d'un caractère public. Mais la Constitution de 1906 leur a enlevé ce caractère ; elle s'est, en effet, exprimée en ces termes, dans son article 29 : « On ne reconnaît pas d'autres institutions de droit public que le Fisc, les municipalités et les établissements subventionnés par l'État ». Aujourd'hui, les menses épiscopales et les fabriques qui désirent se faire conférer la personnalité civile, à titre privé, sont obligées d'adresser une requête, à cet effet, au Gouvernement ; s'il est fait droit à leur demande, elles deviennent capables d'agir et de contracter dans les termes du droit commun ; elles peuvent ester en justice, acquérir, à titre gratuit ou onéreux, et, par conséquent, recevoir des dons et legs.

L'état de choses actuel subsistera-t-il, ou sera-t-il modifié, dans un avenir plus ou moins prochain ? Il est difficile de le dire. Avant sa prise de possession du pouvoir, le parti libéral avancé (parti radical) réclamait, entre autres mesures dirigées contre l'Église, la confiscation pure et simple des biens du clergé. Jusqu'à présent, cet acte de violence légale n'a pas été commis ; mais rien ne garantit qu'on ne le commettra pas dans l'avenir.

IV. — Conclusion

En résumé, l'exposé qui précède démontre que c'est à tort qu'on a cherché à établir une assimilation entre la séparation des Églises et de l'État, telle qu'elle a été réalisée en France, et la séparation opérée dans la République de l'Équateur.

Sans doute, dans les deux États, la rupture du Concordat conclu avec le Saint-Siège s'est faite par la volonté d'une seule

(1) La loi du 12 octobre 1904 est muette sur ce point,

des parties contractantes ; mais c'est à peu près là le seul trait commun.

En effet, tandis qu'en France les Églises n'ont été maintenues dans la possession de leurs biens que sous la condition de remplir certaines formalités, qui ont été jugées inacceptables par le Saint-Siège, dans l'Équateur ces mêmes biens ont été laissés, sans conditions, entre les mains de leurs détenteurs antérieurs.

Alors qu'en France les congrégations ont été dissoutes pour la plupart et dépouillées de ce qu'elles possédaient, dans l'Équateur les communautés religieuses existantes ont été maintenues, et si la gestion de leur patrimoine a été soumis, dans une certaine mesure, au contrôle de l'État, du moins n'y a-t-il pas été question de spoliation.

Enfin, et c'est là un point capital, tandis que notre loi du 9 décémbre 1905 a mis à la charge des associations cultuelles à organiser l'entretien des bâtiments laissés à leur disposition, sans leur fournir les moyens pécuniaires d'y pourvoir, et tandis qu'elle n'a alloué qu'une maigre indemnité aux membres du clergé dont les traitements ont été supprimés, la loi équatorienne assure (1), soit par le produit des revenus des biens du clergé, soit par une contribution de l'État, l'entretien des édifices religieux et le paiement des traitements dus au personnel ecclésiastique.

On peut affirmer que, si le législateur français avait imité la sagesse et la modération du législateur équatorien, les catholiques de notre pays auraient accepté, sans trop de murmures, le régime de la séparation.

(1) Au moins théoriquement.

ANNEXE

LOI DU 14 OCTOBRE 1904

SUR LES CULTES RELIGIEUX (1)

Traduction par M. Fernand DAGUIN, *docteur en droit,*
avocat à la Cour d'appel de Paris (2).

CHAPITRE PREMIER
Des cultes.

Art. 1ᵉʳ. — L'État permet l'exercice de tout culte qui n'est pas contraire à ses institutions et à la morale.

Art. 2. —Toute attaque dirigée contre une religion ou contre la personne de ses ministres, agissant dans l'exercice d'un culte permis sur le territoire de la République, sera punie conformément aux dispositions de la loi de police (3).

Art. 3. — Les ministres d'un culte quelconque qui s'établira dans le pays, pour pouvoir bénéficier des garanties que la Constitution et la présente loi leur accordent, seront tenus de porter à la connaissance du Pouvoir exécutif les statuts qu'ils observent ou qu'ils doivent observer, dans l'exercice de leurs pratiques religieuses.

Art. 4. — Les croyances religieuses ne font pas obstacle à l'exercice des droits politiques et civils; toutefois, les ministres des différents cultes, et les personnes revêtues d'un caractère ecclésiastique sont incapables d'exercer une charge publique émanant directement de l'élection populaire.

(1) *Ley de cultos religiosos* (adoptée par le Congrès, le 12, sanctionnée le 13, et promulguée le 14 octobre 1904). — *Registro Official,* nᵒ 912; *Anuario de legislación ecuatoriana correspondiente á* 1904, p. 144.

(2) Extrait de l'*Annuaire de législation étrangère,* 2ᵉ série, 4ᵉ année, p. 557.

(3) Code de police générale du 28 octobre 1904, art. 23 à 25 (V. *Ann. de lég. étr.,* 2ᵉ série, 4ᵉ ann., p. 550).

CHAPITRE II

Des communautés religieuses.

Art. 5. — L'immigration de communautés religieuses est interdite, conformément à la Constitution de la République.

Art. 6. — Il est également interdit de fonder de nouveaux ordres religieux, comme aussi d'admettre, à l'avenir, au noviciat des postulants, dans les couvents où la clôture est perpétuelle ou la vie contemplative.

Art. 7. — Dans aucune ville de la République, il ne peut y avoir plus de deux instituts monastiques à clôture perpétuelle, sauf dans la capitale, où il peut en exister jusqu'à quatre.

Pour réduire le nombre des instituts monastiques, le Pouvoir exécutif s'entendra avec l'autorité ecclésiastique.

Art. 8. — Tous les couvents et monastères sont soumis à l'inspection et à la surveillance des juntes de santé et d'hygiène, et à celles des autorités de police, conformément à la loi sur la matière, et après avis préalable donné à l'autorité ecclésiastique.

Art. 9. — Les Équatoriens de naissance, ayant l'exercice de leurs droit civiques, peuvent seuls exercer la juridiction ecclésiastique, remplir les fonctions d'archevêque, d'évêque, d'administrateur ou de vicaire apostolique, et de vicaire capitulaire, ou être pourvus de dignités, canonicats et prébendes, comme aussi être nommés provinciaux, recteurs, prieurs, gardiens et, en général, supérieurs des congrégations ou ordres religieux admis dans l'Équateur.

Art. 10. — Les communautés pour lesquelles le noviciat n'est pas interdit ne pourront recevoir, en qualité de novices, que des personnes majeures de dix-huit ans.

CHAPITRE III

Des biens ecclésiastiques.

Art. 11. — Tous les biens situés sur le territoire de la Nation sont soumis aux contributions et aux charges imposées par les lois, et sont protégés par celles-ci.

Art. 12. — Le Congrès seul peut autoriser l'aliénation ou la vente des biens ecclésiastiques; mais, s'il s'agit seulement de constituer sur ces biens une hypothèque ou une charge réelle à titre onéreux ou gratuit, l'autorisation sera donnée par le Pouvoir exécutif, avec l'assentiment du Conseil d'État.

Le Congrès, avant d'accorder l'autorisation susdite, exigera la présentation de l'inventaire et de l'estimation de la chose qu'il s'agit d'aliéner ou de grever, et la vente aura lieu par adjudication publique, conformément au Code de procédure civile.

Art. 13. — Les fonds ruraux que possèdent, actuellement, les ordres et communautés religieux, doivent être loués par voie d'adjudication publique, et pour une période de temps n'excédant pas huit années.

Art. 14. — Préalablement à l'amodiation des biens immobiliers, il doit être procédé à l'inventaire et à l'estimation de ces biens, et l'amodiataire ne peut entrer en possession avant d'avoir donné une garantie hypothécaire susceptible d'assurer l'exécution du contrat.

Art. 15. — Les biens mentionnés à l'article précédent qui ne seront pas amodiés ou ne pourront pas l'être, seront administrés par l'entremise de procureurs.

Ces procureurs ou administrateurs seront nommés par le Pouvoir exécutif, sur la présentation du possesseur des biens; toutefois, si cette présentation n'a pas lieu ou si la personne présentée ne paraît pas convenable, la nomination sera faite par le Pouvoir exécutif.

Les procureurs ou amodiataires, suivant les cas, payeront directement les dépenses budgétaires approuvées par le Pouvoir exécutif et verseront le surplus des recettes au collecteur nommé par lui.

Avant de prendre en mains l'administration des biens, les administrateurs donneront caution conformément à la loi relative aux finances (*Ley de hacienda*), et dresseront un inventaire de ces biens, conformément aux prescriptions du Code de procédure civile.

Art. 16. — Aussitôt après la promulgation de la présente loi, on invitera à se présenter les personnes disposées à enchérir pour l'administration ou l'amodiation des biens ecclésiastiques; cette invitation sera adressée au public par la voie de la presse, dans la province où les biens sont situés, et au moyen d'une insertion au *Registre officiel*.

Art. 17. — L'inventaire et l'estimation des choses qui doivent être confiées à un administrateur ou amodiées seront remis à la junte de finances compétente par les détenteurs des biens, et, à défaut de ceux-ci, par des experts nommés par la junte de finances.

Art. 18. — Les résolutions de la junte de finances, relatives aux estimations, enchères, acceptation de caution et autres actes concernant l'administration des biens ecclésiastiques, devront être approuvées par le Pouvoir exécutif, faute de quoi elles n'auront aucune valeur.

Art. 19. — Le produit de l'administration ou de l'amodiation des biens ecclésiastiques devra être employé, année par année, en premier lieu, à l'acquittement des dépenses budgétaires de l'ordre ou de la com-

munauté respective ayant la possession des biens ; en second lieu, à l'entretien du culte et du clergé catholiques, dans toute la République.

S'il existe un déficit dans le service du culte et du clergé, ce déficit
sera comblé à l'aide des fonds du Trésor affectés aux dépenses extraordinaires.

L'excédent des recettes, s'il en existe un, sera employé à une œuvre
de bienfaisance ou à une œuvre publique, choisie par le Pouvoir exécutif
dans la région de la situation des biens.

Art. 20. — Les budgets dont il est parlé à l'article précédent seront
dressés par les ordres, communautés et chapitres cathédraux intéressés
et remis au Ministre des cultes, pour être approuvés et servir à l'ordon-
nancement des dépenses.

CHAPITRE IV

Dispositions générales.

Art. 21. — Le droit d'imposer des contributions ou des charges sur
les personnes ou les choses appartient exclusivement au Congrès et aux
autorités déterminées par la loi.

En conséquence, il est interdit de percevoir des dîmes, prémices,
droits mortuaires ou autres analogues (1).

Art. 22. — Ceux qui contreviendront aux dispositions de l'article précédent seront punis conformément au Code pénal et au Code de police.

Art. 23. — Les étrangers qui continueront à occuper des prélatures
ou à exercer les fonctions de supérieur d'une communauté ou d'un ordre
religieux, et les étrangers qui opposeront quelque résistance à l'exécution de la présente loi, seront poursuivis et jugés conformément à la
loi sur les étrangers du 25 août 1892.

Le Pouvoir exécutif accordera aux communautés et ordres religieux
un délai raisonnable pour se mettre en règle avec le présent article.

Art. 24. — Sont nulles et de nul effet les aliénations de biens immobiliers qui ont eu lieu sans la permission du Gouvernement, ainsi que
le prescrivait l'article 19 du Concordat, ou sans l'autorisation du Congrès, donnée conformément à l'article 16 de la loi sur le patronat.

Sont également nulles les charges de toute catégorie constituées sur

(1) Si ce n'est à titre purement facultatif.

les biens ecclésiastiques en contravention avec le § 3 de l'article 16 de la loi sur le patronat.

Art. 25. — Le Pouvoir exécutif réglementera l'exécution de la présente loi (1), et, par l'organe du Ministère des cultes, rendra compte à la prochaine Législature de son observation et de ses effets.

Art. 26. — Le Concordat demeure annulé, et toutes les lois contraires à la présente sont abrogées.

(1) Le règlement prévu par l'article 25 n'a pas encore été publié.

60557. — Imprimerie Lahure, rue de Fleurus, 9, à Paris.

PUBLICATIONS DU MÊME AUTEUR

Notice sur le règlement du Reichstag allemand et sur les règlements du Reichsrath autrichien. — Broch. gr. in-8° (1876) A la librairie générale de Droit et de Jurisprudence . . . .   2 fr.

Des garanties accordées à l'inculpé par le Code d'instruction criminelle allemand. — Broch. gr. in-8° (1879). A la même librairie.   2 »

Code de procédure pénale allemand (1er février 1877), traduit et annoté. — 1 volume gr. in-8° (Imprimerie nationale, 1884). A la même librairie. . . . .   12 ».

Congrès international de droit commercial d'Anvers. Rapport présenté à la Société de législation comparée. — Broch. gr. in-8° (1886). A la même librairie. 2.50

Loi du Grand-Duché de Luxembourg sur la Chasse (19 mai 1885), annotée. — Broch. gr. in-8° (1887). A la même librairie. . . .   2 »

Étude sur la représentation proportionnelle en Espagne. — Broch. gr. in-8° (1887). Même librairie . . . .   2 »

Loi du Grand-Duché de Bade sur la Chasse (29 avril 1886), traduite et annotée. — Broch. gr. in-8° (1888). Même librairie. . . .   2 »

Note sur le rejet de la loi relative à l'assurance obligatoire contre les maladies dans le canton de Bâle-Ville. — Broch. gr. in-8° (1890). A la même librairie. . . . .   2 »

Loi de Croatie-Slavonie sur la Chasse (27 avril 1893), traduite. — Broch. gr. in-8° (1895). A la même librairie . . . .   2 »

La nouvelle prison de Monaco. — Broch. gr. in-8° (1900). A la même librairie. . . . .   2 »

Loi espagnole du 16 mai 1902 sur la Chasse, traduite et annotée. — Broch. gr. in-8° (1904). A la même librairie . . . .   2 »

L'impôt sur le revenu dans le Grand-Duché de Luxembourg. — Broch. gr. in-8° (1907). A la même librairie 1.50

La République de Saint-Marin, ses institutions et ses lois. — 1 volume in-18 (1904). L. LAROSE. 2.50

EN COLLABORATION AVEC M. S. MAYER :

L'accession du Japon au droit des gens européen, par le baron A. DE SIEBOLD. Traduction française, avec une préface et des notes. — Broch. gr. in-8° (1900). A la librairie générale de Droit et de Jurisprudence 2.50

60537. — Imprimerie LAHURE, 9, rue de Fleurus, à Paris.

www.ingramcontent.com/pod-product-compliance
Ingram Content Group UK Ltd.
Pitfield, Milton Keynes, MK11 3LW, UK
UKHW021041120726
13693UKWH00005B/2358